RÉPONSE

DE M. TARDIF

aux Calomnies.

RÉPANDUES CONTRE LUI.

RÉPONSE

DE M. TARDIF

AUX CALOMNIES

RÉPANDUES CONTRE LUI.

J'ai à me défendre contre une affreuse calomnie ; voici ma défense :

Je ne demande à personne ni intérêt, ni pitié ; c'est justice qu'il me faut. Qu'on me juge sans faveur, mais aussi sans préventions ; car j'ai droit au moins à cette impartialité, patrimoine de tous.

Magistrat, et j'ose le dire aussi en m'appuyant sur ma vie passée, homme d'honneur, j'aurais dû croire peut-être que ma position sociale, mes mœurs, mon caractère, ne permettraient pas qu'un odieux soupçon surgît dans un esprit raisonnable ; j'aurais dû croire au moins que, s'il naissait, il ne serait pas facilement accueilli. Combien je me trompais ! au moment même où des magistrats, mes collègues, venaient presque tous me donner des marques de leur estime et de leur intérêt, déjà d'horribles préventions s'élevaient, elles étaient reçues avec une incroyable légèreté, elles dominaient l'instruction qui commençait à peine, elles en dénaturaient la marche, elles en changeaient le but, je n'étais plus l'accusateur, j'étais accusé; on oubliait les assassins pour s'attacher à moi seul.

Qu'on jette les regards sur les premiers actes de cette instruction; au lieu d'informer, au lieu de faire des perquisitions dans la maison que j'habite, dans les maisons voisines avec lesquelles il y a des communications faciles et nombreuses, que fait le commissaire de police? il s'arrête après avoir seulement constaté la matérialité du crime. Il s'arrête..., et pourquoi? Parce que, dans son opinion, l'assassinat n'est pas réel. Et cette opinion, d'où est-elle née? des faits apparemment? d'une investigation consciencieuse dirigée avec zèle, avec activité? Non; M. le commissaire de police a eu une opinion, et cela lui a suffi pour méconnaître son devoir.

Plus tard je discuterai son procès-verbal, je lui dirai quels devoirs il avait à remplir, quels devoirs il a méconnus; quant à présent, je ne veux qu'une chose, c'est signaler l'esprit dans lequel l'instruction a été dirigée, esprit qui malheureusement se retrouve dans tous les actes.

Mais, au moins, cette prévention que rien ne justifiait encore, qui tout au plus pouvait faire naître le doute, est-elle restée le secret de quelques hommes? Non : comme si ce n'était pas assez de cette préoccupation malheureuse, je ne puis pas dire hostile, car cette hostilité, je ne la comprendrais pas; comme si, dis-je, ce n'était pas assez de cette préoccupation malheureuse qui devait fausser l'instruction et réagir contre moi avec tant de violence, on a jeté dans le public une accusation d'assassinat simulé ; on s'est oublié jusqu'à dire en public, sans preuve, que j'avais joué une comédie. Et c'est sur ces misérables propos que la calomnie s'est dressée victorieuse quand elle ne faisait que de naître.

Encore si l'on m'avait averti ! si, devant moi, les magistrats qui m'ont visité avaient manifesté quelques doutes ! s'ils m'avaient demandé des explications en m'accusant ! si me traitant comme on traite un criminel ordinaire, ils m'avaient mis à même de me défendre ! mais non ; de longs jours se sont écoulés pendant lesquels la calomnie, colportée avec cette joie qui l'accompagne toujours, a marché, grandi, et si je puis aujourd'hui élever la voix, c'est grâce à un avertissement qui m'a été donné par un ami.

Au premier moment, j'aurais combattu à armes égales ; il faut maintenant que je m'adresse à des esprits prévenus qui regardent comme preuve peut-être, la lenteur d'une défense jusqu'ici impossible ; car l'accusation ne pouvait être prévue, et depuis que je la connais, j'ai eu à requérir des actes d'instructions pour détruire certains faits allégués avec une déplorable légèreté.

N'importe, je ne me laisserai pas vaincre ni par les douleurs morales qui ont effacé les douleurs physiques, ni par ma position quelque affreuse, quelque déplorable qu'elle puisse être. La seule

grâce que je demande à ceux qui doutent, c'est
de se dégager de toute prévention, c'est de revenir avec moi au jour même de l'assassinat.

Voici mon premier récit.

« Je suis rentré à dix heures un quart ou dix
« heures et demie, je me suis couché, j'ai lu dans
« mon lit jusqu'à une heure assez avancée, puis je
« me suis endormi.

« Éveillé par un bruit, *je ne sais à quelle heure*
« *de la nuit*, je me lève sur mon séant et crie : «Qui
« est là ? » Profond silence... un quart d'heure en-
« viron s'écoule, je n'entends plus rien. Je me dis-
« pose à me rendormir, croyant m'être trompé,
« lorsqu'un nouveau bruit se fait entendre une se-
« conde fois ; alors je crie : « Qui est là ?» Nulle ré-
« ponse, mais presque aussitôt je me sens saisir par
« deux mains qui s'appuyant sur mes deux épaules,
« m'étendent sur mon lit ; je reçois un violent coup
« à la tête, sans que je puisse déterminer avec quel
« corps on me frappe ; je suis étourdi, et ce n'est
« plus que confusément que je me rappelle avoir
« senti des coups à la poitrine. Tout cela se passe
« dans la plus profonde obscurité. J'étais complé-
« tement évanoui ; je ne puis dire ce qui s'est passé
« alors, je ne puis pas davantage fixer la durée de
« cet évanouissement. Peu à peu, cependant, je re-
« couvrais mes sens, j'étais étendu sur mon lit
« presque nu et glacé ; mes forces revenant je vis
« le jour commencer à poindre ; alors je me levai
« et montai au cinquième étage pour avertir ma

« domestique, je lui racontai l'assassinat dont j'a-
« vais été victime. En passant dans mon cabinet,
« j'avais trouvé mon secrétaire ouvert; je le refer-
« mai, après avoir reconnu un vol de 5 à 6oo
« francs. Ma domestique alla sur-le-champ cher-
« cher M. le docteur Breschet, rue de Seine; je
« lui fis le même récit qu'à ma domestique, et ce
« récit je l'ai répété à toutes les personnes qui m'ont
« visité. »

Ainsi j'ai dit, j'ai répété, j'ai affirmé non pas
une fois, mais cent fois, que j'ai été victime d'un
assassinat et d'un vol, j'en ai développé toutes les
circonstances. Aujourd'hui je dis, je répète, j'af-
firme le même récit avec toutes les circontances
qui sont encore parfaitement présentes à mon
souvenir.

Il n'y a pas trois faits possibles, il n'y en a que
deux; ou l'assassinat est réel, ou j'ai joué volontairement, avec préméditation, avec calcul même,
une infâme comédie.

La question, ainsi nettement posée, il faut la
résoudre. Si les faits, les raisonnemens, les preuves morales et matérielles ne permettent pas de
croire à un assassinat simulé, il faudra bien que
tout homme de bonne foi, quelle que soit l'impuissance de la police à trouver l'assassin, convienne
que l'assassinat est réel.

Voyons donc.

L'action humaine la plus indifférente a, si elle
part d'un agent raisonnable, un motif et un but,

à plus forte raison doit-il en être ainsi d'une action infâme. Un homme ne se donne pas 24 coups d'un instrument tranchant, il ne se fait pas saigner abondamment, il ne crie pas au voleur, il ne garde pas le lit huit jours, se soumettant aux prescriptions sévères de l'art médical, sans avoir un motif, un but, un intérêt.

Si donc j'ai joué une comédie, si je suis l'auteur des 24 blessures que je porte sur la poitrine, et qui toutes ont été constatées, si j'ai dit qu'on m'a volé 5 ou 600 francs, quand de fait on ne m'a rien volé, si je me suis plaint de douleurs vives aux poumons et à la tête, quand ces organes étaient parfaitement sains, évidemment tous ces mensonges n'ont pu exister sans que j'aie eu un motif qui m'a fait agir, un but important vers lequel je tendais, un intérêt que je voulais atteindre.

Or, le motif, le but, l'intérêt, personne ne l'indique, personne ne peut l'indiquer ; je porte à tout homme, quel qu'il soit, ami ou ennemi, le défi public d'assigner un motif, un but, un intérêt que la raison consente à admettre. Certes, dans un temps où la calomnie aurait moins de faveur qu'aujourd'hui, cela suffirait pour la confondre, cela suffirait surtout si l'action honteuse était imputée à un homme qui ne craint pas qu'en examinant sa vie tout entière, on y trouve un acte qui puisse le faire rougir.

J'insiste, oui, j'insiste hautement sur cette cir-

constance grave qu'aucun motif ni aucun intérêt ne peuvent être indiqués comme mobiles
de l'acte qui m'est imputé; car, par cela seul, il me
semble que tout homme de bonne foi et d'honneur doit repousser avec dédain l'accusation.
On peut admettre un fait, sans remonter à sa
cause, quand le fait est d'ailleurs matérielle-
ment certain; mais quand il est incertain, quand
son existence est douteuse, l'admettre même
quand il n'a pas de cause, ou ce qui revient au
même, de cause connue, c'est une absurdité mé-
chante et rien de plus.

L'opinion publique, au reste, ne s'y est pas
trompée; elle a voulu un motif. D'abord elle avait
accepté la calomnie telle quelle, mais ensuite la
réflexion est venue, et elle a prononcé ce mot qui
me sauvera : *Pourquoi?*

Toutefois, comme le mal a toujours de profondes racines, un motif n'étant point indiqué,
les imaginations malveillantes en ont créé, non
pas un, mais dix, vingt, que sais-je? il n'y a que
le champ de la vérité qui soit limité. Parmi ces
hypothèses, je prendrai celles qu'on m'a fait connaître.

Première hypothèse. M. Tardif a voulu se suici-
der soit volontairement, soit involontairement,
par suite d'un trouble intellectuel; c'est pour cacher ce suicide qu'il a supposé un assassinat.

Un suicide volontaire! pourquoi donc? il faut
un motif grave encore pour autoriser un tel acte

de désespoir. Mes affaires étaient-elles embarras-
sées? étais-je tourmenté de ces chagrins profonds
contre lesquels il n'y a qu'un seul remède, le suicide? non, on ne le suppose même pas.

Ma position sociale était-elle compromise? on
l'a dit. J'étais, a-t-on prétendu, menacé de destitution. Eh bien, ici j'invoque le témoignage de
M. le procureur-général : je me suis toujours ac-
quitté de mes devoirs de magistrat avec conscience
et avec zèle; si je n'ai pas rempli dans toutes les
occasions avec un succès égal la tâche que m'im-
posaient mes fonctions, du moins je n'ai donné le
droit à personne de suspecter mon caractère;
dans de pareils termes, on peut sans doute être
appelé à d'autres fonctions, mais on n'est jamais
menacé d'une destitution brutale. Au surplus,
j'avais été complétement rassuré contre une pa-
reille crainte, par les paroles même de mes supé-
rieurs, et cela depuis huit jours, quand j'ai été assassiné.

Et d'ailleurs, le beau moyen, en vérité, de re-
conquérir une place de magistrature que le suicide ou l'assassinat simulé !

Il n'est donc pas possible d'admettre un suicide
volontaire puisqu'il n'est pas possible de trouver
les motifs déterminans de cette volonté.

Le suicide aurait-il été involontaire, en *d'autres
termes, serait-il un acte de folie?* Je pourrais, j'aurais pu, surtout le jour de l'événement, avouer ce
fait sans honte, car le malheur ne note pas d'in-

famie; peut-être même si j'avais eu l'audace de monter une comédie, saisirais-je avec joie cette hypothèse pour cacher ma honte; mais non, je la repousse. De la folie! il n'y en a point dans tout ce qui s'est passé. Si j'avais eu la nuit un accès de folie, ce n'aurait pu être qu'une affection cérébrale qui, le matin encore, aurait laissé des traces. Un accès de fièvre chaude ne commence pas et ne se termine pas en quelques heures, sans que ce désordre profond ne se soit manifesté avant et après par des signes non équivoques.

Or, la veille, j'avais passé la soirée chez M. de Férussac, j'étais calme; je me suis endormi à minuit, calme; et le matin, après l'événement, aucune altération physique n'a manifesté le trouble intellectuel qui aurait existé. Le rapport de M. Breschet constate que lors de sa première visite il n'a remarqué aucun trouble, aucune exaltation dans les idées.

Ainsi l'hypothèse du suicide ne peut s'appuyer ni sur un acte de ma volonté, ni sur un accès de folie.

Mais il y a mieux : l'état des blessures prouve qu'une autre main que la mienne a dû les faire.

En effet :

Le procès-verbal des médecins atteste que les blessures sont transversales DE DROITE A GAUCHE; qu'elles sont toutes placées *au côté droit*.

Or, cela posé, ou c'est un assassin qui m'a frappé, ou je me suis frappé *de la main gauche*; les médecins ont déposé que l'on ne pouvait se blesser ainsi que je l'étais, *qu'en s'y prenant avec la main gauche.* La main droite, qu'on y songe bien, *n'a pas pu faire de pareilles blessures.* Si elle avait agi, les plaies auraient leur direction, non *de droite à gauche,* mais *de gauche à droite.*

Comment ! J'ai voulu me tuer, et je me suis frappé *de la main gauche !* Cela serait possible et croyable si j'étais gaucher; mais heureusement je ne le suis pas.

Dira-t-on que dans l'hypothèse de la folie, j'ai pu me servir de la main gauche dont je ne me sers jamais en état de raison ? Mais, d'abord, si les blessures avaient été faites par la main d'un fou, seraient-elles aussi nettes ? N'est-il pas clair que dans un accès de fureur supposé, je me serais frappé sur toutes les parties du corps indistinctement ? Ensuite n'est-il pas rigoureusement certain qu'un homme dans l'état de folie est réduit à ses mouvemens purement instinctifs ? Or, l'instinct seul aurait déterminé *l'action de la main droite* et jamais l'action de la main gauche.

Mais voici une preuve plus forte encore : Indépendamment des plaies de la poitrine, j'en ai deux au bras gauche, reçues probablement en me défendant contre l'assassin. Ces deux plaies, disent les médecins, ont été *produites, l'instrument vulnérant agissant de droite à gauche, comme dans la production des plaies de la poitrine ;* c'est donc encore ou ma main gauche ou la main d'une autre personne qui me les a faites. Ma main gauche! Qu'on m'explique comment avec ma main *gauche* j'ai pu me blesser à *l'avant-bras gauche*. Est-ce ma main droite? J'aurais donc alors changé de main pour me faire au bras gauche deux blessures parfaitement inutiles, au reste, dans le système du suicide, inexplicable dans le système d'une comédie, car jusqu'ici je n'en avais pas reconnu l'importance; changer de main! cela même n'expliquerait rien; car la main droite n'a pu faire les deux plaies dans la direction qu'elles ont, pas plus qu'elle n'a pu faire les plaies de la poitrine.

J'insiste encore fortement sur la situation et la direction des blessures, parce que non-seulement elles sont exclusives du suicide, mais encore parce qu'elles attestent que je n'ai pu me frapper moi-même, sinon dans le but d'un suicide sérieux, au moins dans l'intention de jouer une comédie.

Enfin, si j'avais voulu me tuer, soit volontairement, soit involontairement, j'aurais porté l'instrument à la gorge et non sur les côtes.

Ainsi le fait du suicide n'existe pas; donc je n'avais pas à le cacher, donc je n'ai pas eu besoin pour le cacher de recourir à un assassinat joué.

Maintenant, je suppose la réalité d'un suicide volontaire ou involontaire; on ajoute que c'est pour dissimuler cet acte que j'ai supposé un assassinat, que tel a été le but et le motif de mon action. Eh quoi! n'y avait-il donc pas un moyen plus simple d'empêcher le prétendu suicide d'être connu ?

Toutes les plaies sont à la poitrine et au bras ; elles étaient faciles à cacher par conséquent. Si donc j'avais manqué de courage ou de force, en voulant me donner la mort, je n'avais qu'une chose à faire : c'était de garder le silence sur mes blessures. Pour qu'on les vît, il fallait que je les montrasse, et j'étais bien le maître de m'abstenir de toute communication semblable ; ou, si je voulais faire cesser les souffrances que ces blessures occasionaient, je pouvais me confier à la discrétion de M. Breschet, qui n'aurait pas trahi mon secret, garder le lit et m'enfermer chez moi.

Eh bien ! conçoit-on qu'au lieu d'employer un moyen si simple de cacher un suicide tenté sur ma personne, je sois allé crier à l'assassinat et appeler les investigations de la justice ? C'est me préparer, en vérité, bien des tourmens, quand je n'ai qu'une chose à faire, croiser mes vêtemens sur ma poitrine.

Je concevrais l'accusation si, par exemple, j'avais des plaies à la figure. Ne pouvant les cacher, il aurait fallu les expliquer, et ne voulant pas avouer un suicide, j'aurais été dans la nécessité de leur donner une autre origine ; mais, je le répète, toutes mes blessures étaient à des parties du corps toujours recouvertes.

En supposant que le suicide soit dû à la folie, je donnerai les mêmes explications ; revenu à la raison, j'avais intérêt à cacher les traces d'un délire accidentel; je le pouvais aisément, je l'aurais fait.

En résumé, donc, je n'ai pas tenté sur moi de suicide, ni volontaire, ni involontaire; si je me suis frappé, c'est pour jouer une comédie dont le motif et le but sont encore à trouver.

Deuxième hypothèse. M. Tardif a été victime d'une maîtresse.

Je rougis d'avoir à répondre à ces misérables accusations; mais enfin il le faut.

Cette maîtresse, comment est-elle entrée? Comment est-elle sortie? Qui l'a vue? Je le déclare, JAMAIS femme n'a passé la nuit dans mon appartement; je défie l'enquête la plus sévère et la plus minutieuse de démentir, d'affaiblir même cette allégation.

Est-ce au dehors que j'ai été frappé, et quand je suis rentré chez moi le mal était-il fait? J'ai passé toute ma soirée chez M. de Férussac; cet homme honorable l'attestera.

D'un autre côté, si c'est une femme, si c'est une main étrangère, quelle qu'elle soit, qui m'a frappé, dans quel dessein cette femme, cette main a-t-elle donc agi? Dans le dessein de me tuer évidemment. Le peu de profondeur des plaies, leur peu d'importance ne sont donc pas exclusifs d'un assassinat? Qu'on pèse bien cette remarque.

Disons mieux encore : si j'avais été blessé par une femme, qu'on aurait pu découvrir assurément, quelle devait être, je le demande à tout homme sensé, ma sollicitude la plus vive? Je devais tenir cette aventure secrète. Cela était-il en mon pouvoir? Oui, je l'ai démontré; j'aurais donc fait comme je l'ai dit en répondant à l'hypothèse d'un suicide consommé; j'aurais tout caché au lieu de m'exposer à un facile démenti, démenti qui m'aurait été donné par le portier, qui avait intérêt à ce qu'on ne suspectât pas sa surveillance.

Troisième hypothèse. M. Tardif a voulu se rendre intéressant.

Quelle pitié! et il y a des hommes qui accueillent une telle raison! On comprend que, pour obtenir un peu d'argent de la pitié publique, un malheureux cherche à faire naître cette espèce d'intérêt; mais un homme placé dans de hautes fonctions de magistrature! à quoi pourrait lui servir d'exciter ce genre de commisération? et depuis quand donc le malheur a-t-il le privilége de rendre intéressant? On s'apitoie un jour sur une victime, puis on l'oublie. Eh! bon Dieu, qui ne sait cela?

Je voudrais connaître les mille hypothèses qui naissent tous les jours, je les réduirais toutes à néant; je ne puis faire l'impossible.

De ce qui vient d'être dit il faut conclure que si j'ai joué une comédie, cette comédie est sans motif et sans but. A ce double titre, elle est invraisemblable. Je ne parle que pour les hommes raisonnables et sans passion.

De tout ceci, il faut conclure, en outre, ou bien que j'ai été réellement assassiné, ou bien que j'ai joué une comédie ; encore une fois, il n'y a que ces deux faits possibles.

Continuons donc à raisonner dans le sens d'une comédie jouée.

Me voici donc à l'œuvre, j'ai quitté à dix heures la maison où j'avais passé la soirée, après avoir projeté pour le lendemain une partie de spectacle ; calme, sans préoccupation, sans remords devant une action honteuse que j'ai méditée de sang-froid et qui va commencer dans quelques heures à recevoir son exécution. Rentré chez moi, je vais tout disposer, apparemment, pour convaincre les plus incrédules. Je n'ignore pas l'état ordinaire d'une maison envahie par des brigands, moi qui depuis si long-temps déjà m'occupe d'affaires criminelles ; je saurai disposer la scène convenablement...... Quelle turpitude, bon Dieu ! en quelques heures je suis donc bien changé ! Quelle audace m'est survenue tout à coup ! Quoi ! je vais me lancer sans motif, sans but dans un inextricable labyrinthe, où, à chaque pas, je trouverai la honte, et je n'hésite point.... Non, me voici armé ; je me fais vingt-quatre blessures pour bien simuler un assassinat ; je supposerai aussi un vol, et toutefois je ne préparerai rien, je ne forcerai pas la serrure de mon secrétaire, je ne mettrai pas tout ce qui s'y trouve en désordre. Pauvre comédien ! au lieu de simuler le désordre, je le réparerai ; le matin, je trouve mon secrétaire ouvert, mon argent volé, je referme mon secrétaire au lieu de le laisser dans un état qui attestera avec évidence qu'un vol a été commis.

J'admire, au reste, avec quel art la calomnie sait se replier. Des circonstances qui me justifient complétement sont au contraire invoquées contre moi.

Ainsi, 1° le commissaire de police conclut la simulation de l'ordre qui règne dans l'appartement, comme si mon premier soin n'eût pas été en jouant une comédie d'opérer le plus complet désordre, de forcer les serrures; en un mot, de multiplier les circonstances. Ah ! si les voleurs avaient tout brisé, on n'aurait pas manqué de m'appliquer la maxime *nimia precautio*. Au contraire, j'ai réparé le désordre, j'ai fermé mon secrétaire que j'ai trouvé ouvert; cet ordre m'accuse, et pourtant j'avais intérêt non à l'ordre, mais au désordre.

2° Point de traces de pas dans le salon, dit encore le commissaire de police. Il a donc bien mal cherché, car plusieurs personnes y avaient passé la veille. Des traces de pas sur un parquet ciré ! quelle pitié d'en chercher ! Et d'ailleurs les voleurs qui s'introduisent la nuit dans un appartement n'ont-ils pas toujours la précaution de se débarrasser d'une chaussure dont le bruit révèlerait leur présence? Cette réflexion m'a été suggérée par mon expérience des affaires criminelles et confirmée par celles de plusieurs magistrats qui, dans ces derniers momens, sont venus me visiter.

3° Les médecins s'étonnent du peu de sang qui existe à la chemise; ils supposent qu'il aurait été étanché. Comment! j'ai fait disparaître le sang, c'est-à-dire la trace qui prouverait le mieux l'assassinat que je voulais simuler! j'aurais compris l'argument fondé sur une trop grande abondance de sang.

Des blessures étanchées, et autour des blessures, qui assurément n'ont pas été lavées, on ne le dit pas du moins, il n'y aura pas de trace de l'étanchement! Tout cela confond la raison, n'importe; est-ce donc de raison qu'il s'agit?

De bonne foi, loyalement, comment n'a-t-on pas compris que toutes ces circonstances, loin de m'accuser, m'absolvent au contraire?

Jamais ceux qui me supposent assez misérable pour monter avec préméditation une comédie ne comprendront comment j'ai pu négliger de préparer le théâtre; comment, au contraire, j'ai agi de manière à rompre l'illusion que je voulais produire.

Ainsi, d'une part, je joue mon honneur, ma position, sans raison, sans intérêt; d'autre part, en mettant un enjeu aussi important, j'agis en comédien stupide.

Et ce qui me confond pourtant, c'est que ces

invraisemblances ne déconcertent pas sur - le-champ les calomniateurs les plus intrépides.

Enfin ce n'est pas tout d'organiser une comédie, il faut la jouer, il faut surtout soutenir son rôle, ne pas le trahir; j'ai dû y penser d'avance. Quelle audace, quelle présence d'esprit, quelle force d'âme ne me faudra-t-il pas? Il faudra donc que pendant plusieurs jours je me pose en acteur habile devant une foule d'hommes honorables, de magistrats respectables qui viendront me visiter? il me faudra mentir, les tromper tous, sans avoir même un confident pour alléger les tortures morales qui me seront imposées par ce rôle odieux? Quelle tâche, grand Dieu! et quelle profonde ignominie! Ici j'invoque le témoignage de tous ceux qui me connaissent; non, non, pas une voix ne s'élèvera pour dire que j'aie pu organiser une telle comédie et la soutenir sans pudeur; je l'aurais voulu que je ne l'aurais pas pu; je n'ai ni la persévérance, ni la force de tête, ni cette habitude profonde d'hypocrisie qu'il faut pour un pareil rôle. Devant le seul soupçon je serais tombé anéanti, et devant cette certitude de mon impuissance je me serais arrêté au premier acte.

Mais, dira-t-on, vous n'avez pas pu croire que le soupçon s'élèverait. J'admets que ma vie passée, que ma position, qu'un caractère honorable m'aient ébloui à ce point de croire que l'on n'oserait pas supposer une action honteuse de ma

part. Mais quand j'ai été deviné, la confusion a
dû être d'autant plus profonde, que d'avance je
ne m'étais pas cuirassé contre la honte. Celui qui
le premier m'aura fait la confidence, m'aura bou-
leversé; eh bien! que M. Quenault le dise, de
quelles émotions m'a-t-il vu pénétré quand il
m'a parlé? Avais-je l'air d'un criminel qui vient
d'être saisi sur le fait? ou bien n'a-t-il pas remarqué seulement les traces de ces déchiremens profonds que cause la calomnie?

Et toutes les personnes qui depuis m'ont visi-
tées ont-elles vu sur ma figure le trouble d'une
conscience que le remords ou que la crainte
agite?

J'ai soutenu plus d'une lutte avec des personnes
considérables, j'ai été mis en quelque sorte à la
question, cela m'a agité beaucoup, mais troublé,
jamais!

Ce ne sont là que des preuves morales, bonnes
pour ceux qui me connaissent, qui m'ont vu,
qui m'ont parlé; oui, j'en conviens, mais c'est à
l'estime de ces personnes que je tiens particulièrement; et d'ailleurs il me semble qu'elles doivent
avoir quelque influence même sur celles qui ne
me connaissent pas.

Mais enfin, me dit-on, expliquez donc vos in-
concevables blessures; comment, pas une seule
profonde sur vingt-quatre!

Avant de donner cette explication, qu'on me
permette encore une réflexion :

Sans doute, il y a quelque chose d'extraordi-
naire dans les blessures que j'ai reçues. Le meil-
leur moyen de détruire toutes les préventions,
serait de représenter l'assassin. Qu'avais-je à faire,
moi? Je devais dénoncer l'assassinat aussitôt que
mes forces physiques me le permettraient; l'ai-je
fait? Oui; c'est moi qui, dès le matin, ai averti,
c'est moi qui ai appelé le commissaire de police.

Ce soin rempli, mon rôle était terminé; c'était
à la police, à la justice de faire son devoir pour
découvrir l'assassin; eh bien! que s'est-il passé?
Le commissaire de police vient, reçoit mes décla-
rations, celles du portier et de ma domestique.
On lui dit qu'il y a entre la maison que j'habite
et les maisons voisines des communications faciles et nombreuses; des perquisitions ont-elles
lieu? non; le portier lui indique deux hommes
dont l'existence est difficile; l'un a la réputation
de jouer, l'autre paie assez mal ses dettes, que
va-t-il faire? s'empressera-t-il d'informer? fera-t-il
une visite chez ces hommes? au moins les fera-t-il
surveiller? non, et pourquoi? le croira-t-on!
parce que le portier, qui craint de figurer comme
dénonciateur, refuse de signer sa déclaration.
Certes je n'accuse pas ces hommes, mais enfin
ils demeuraient dans la maison, et l'instruction
constate que la nuit, à deux heures, la domestique de M. Herpin a entendu du bruit dans mon
appartement, et plus tard ma domestique, qui

couche au cinquième, a entendu monter et descendre l'escalier.

Ce n'est pas tout. Le commissaire de police m'a dit avoir soupçonné deux hommes dans le voisinage, qui n'avaient ni passe-ports, ni cartes de sûreté. Les a-t-on surveillés? A-t-on suivi leurs pas? Existe-t-il quelques traces de ces investigations si essentielles? Je cherche dans l'instruction et je ne trouve rien.

Oui, je le répète avec un serrement de cœur profond, tout a été négligé dans cette instruction, excepté ce qui pouvait être accusateur contre moi. Je l'ai sous les yeux cette instruction, et je n'y vois rien qui constate une seule démarche de la police, pas même des démarches ordinaires.

Cela dit, voyons les objections.

Première objection. Vingt-quatre blessures, et il n'y en a pas une qui soit profonde! Comment admettre que ce soit un assassin qui ait fait ces blessures?

Il est vrai que les blessures ne sont pas profondes, mais enfin, en fait, elles existent.

Puisque les blessures existent, de deux choses l'une, ou c'est ma main, ou c'est une main étrangère qui a frappé.

Est-ce ma main? Non, car elle n'aurait pu frapper que dans le but d'un suicide, ou dans le but d'une comédie. Or, j'ai démontré qu'il n'y avait eu de ma part ni suicide, ni comédie; je l'ai démontré par des preuves morales, en établissant qu'un suicide ne se commet, qu'une comédie ne se joue qu'autant qu'il y a un motif, un but, un intérêt; or, il n'y a ni but, ni motif, ni intérêt ; 2° par des preuves matérielles, en établissant qu'il était impossible que je me fusse frappé moi-même, soit pour me tuer, soit pour jouer une comédie; et cette impossibilité matérielle, je l'ai prouvée par la direction des blessures du côté droit de la poitrine et de l'avant-bras gauche, lesquelles obliquent TOUTES *de droite à gauche.* Si l'on voulait se frapper on ne se servirait pas de la main gauche; or, l'obliquité constatée de droite à gauche, la déclaration des médecins prouvent que les blessures, si elles sont faites par moi, l'ont été de la main gauche, ce qui est déraisonnable. Je parle des blessures de la poitrine, car les blessures au bras gauche n'ont pas pu être faites par la main gauche, et, pour les expliquer, il faut admettre que j'aurai changé de main, et que, pour donner aux blessures la même direction, j'aurai tenu l'instrument et je l'aurai fait agir comme un médecin dirige une lancette quand il pratique une saignée. Que de calculs! grand Dieu !...

Cela est rigoureusement possible, dira-t-on. Ah! oui, cela est rigoureusement possible, mais au lieu de se perdre dans toutes ces hypothèses invraisemblables, n'est-il donc pas plus naturel d'admettre que c'est une main étrangère qui m'a frappé? alors on comprend la direction des blessures de *droite à gauche*, alors surtout on explique les blessures au bras, ayant la même direction, parce qu'en effet mon bras gauche a dû se placer comme obstacle entre mon corps et la main de l'assassin et que dans ce débat l'instrument vulnérant a pu et dû frapper l'obstacle qu'il trouvait.

A ce sujet, je ferai ici une observation grave. Dans leur premier rapport, les médecins avaient cru que les blessures du bras obliquaient, non *de droite à gauche*, mais *de gauche à droite*, c'est une erreur qu'ils ont loyalement reconnue et rectifiée dans leur second rapport; c'est un fait important, car les blessures du bras obliquant de gauche à droite s'expliquaient assez naturellement, tandis que, obliquant de droite à gauche, elles ne s'expliquent que par des hypothèses que ne peut admettre un esprit raisonnable et dépouillé de prévention.

Ainsi ce n'est pas ma main qui a frappé, c'est donc une main étrangère.

Soit, dit-on, *c'est une main étrangère*, et l'opinion, en effet, paraît revenir à ce fait que ce n'est pas moi qui me suis frappé.

Cette main étrangère, est-ce celle d'une femme? est-ce celle d'un mari trompé? car on a dit tout cela. J'ai démontré que cela ne pouvait pas être, que cela n'est pas; je provoque hautement, publiquement, l'instruction la plus sévère sur ce point; je défie à cet égard la police la plus inquisitoriale. Que ceux donc qui me calomnient osent alléguer un fait, je les provoque, je les attends.

Mais de quoi donc va-t-on s'inquiéter ? On s'étonne du peu d'importance des blessures; mais ce peu d'importance s'expliquera-t-il plus dans le cas où les coups partiraient d'une femme ou d'un mari, qu'il ne s'explique de la part d'un voleur assassin ? Qu'on s'accorde donc; si une femme, si un mari m'ont porté 24 coups, ils avaient la même intention que je suppose à mon assassin, celle de me tuer. Eh bien! pourquoi donc, dirai-je à mon tour, les blessures sont-elles si nombreuses et si peu profondes ? Il est donc vraisemblable, il est donc possible d'admettre qu'une main étrangère frappe avec intention de tuer, et que pourtant elle ne fasse que de légères blessures. Si cela est vrai d'une main agissant sous le feu d'une passion haineuse, pourquoi donc cela ne serait-il pas vrai d'un assassin voleur ? Quoi! il plaît à la prévention de dire qu'une femme m'a frappé, et l'aspect des blessures ne la décourage pas! et quand moi magistrat, sans intérêt, avec l'accent de la vérité, je dis : J'ai été assassiné, l'aspect des blessures excite la surprise, le doute, puis la calomnie ! Qu'on m'explique donc cette contradiction !

Il n'y a pas de milieu; si l'on admet qu'une main étrangère a frappé, on rejette par cela même, la logique le veut, l'invraisemblance qui naît des blessures.

Il faut donc en revenir au suicide volontaire

ou involontaire, à la comédie, et alors on retrouve ces invraisemblances morales, ces impossibilités matérielles devant lesquelles le bon sens recule.

On insiste : voyons donc s'il n'y a pas quelques explications raisonnables.

Il faut avant tout bien se fixer sur les faits, car la prévention les a singulièrement dénaturés. 1º C'est au milieu de la nuit, au milieu d'une obscurité profonde que la scène se passe ; 2º les voleurs ont été poussés à l'assassinat par la nécessité de se débarrasser d'un homme éveillé ; 3º ils m'ont saisi, et avant de me frapper à la poitrine, ils m'avaient asséné un violent coup sur la tête, et m'avaient étendu sur mon lit ; 4º c'est lorsque j'étais dans cette position qu'à l'aide d'un instrument, que l'on présume être un rasoir, ils m'ont fait des blessures ; 5º j'étais évanoui, et dès lors je n'opposai plus à leur attaque qu'une résistance instinctive, et par conséquent peu imposante. Dans l'obscurité qui régnait, me sentant sans mouvement, m'ont-ils cru mort ? Je serais tenté de le penser.

Reprenons :

Un coup violent à la tête ! il n'y avait aucune trace, dit-on, et, si le coup donné avait été assez fort pour amener un évanouissement, il y aurait eu contusion.

Cela est vrai, si j'ai été frappé avec un corps contondant, une barre de fer, par exemple, mais *je n'ai jamais déterminé*, parce que je n'ai jamais connu le corps avec lequel on m'a frappé, et lorsqu'on m'a interrogé sur ce point, j'ai toujours parlé de l'effet du coup et non de la cause.

Or, supposons qu'au lieu de m'asséner un coup de poing ou de me frapper avec un corps dur l'assassin m'ait donné sur la tête un violent coup du plat de la main, ce coup n'aura-t-il pas pu donner un ébranlement considérable au cerveau, et par conséquent déterminer un étourdissement? Ajoutez à ce fait physique l'impression morale, la terreur profonde qui a dû être le résultat naturel de cet affreux combat; comment! ces deux faits réunis ne pourront pas produire chez un être faible, comme je le suis, un évanouissement! qui donc oserait le dire? M. Breschet constate un fait très remarquable : un homme est frappé à la tête, il *meurt* sans qu'il soit possible d'apercevoir de traces extérieures.

Les médecins ne le nient pas; seulement ils pensent que cet évanouissement n'aura pas dû être de plusieurs heures. Cette objection est encore un effet de cette préoccupation qui m'a été si fatale. Qui donc a déterminé jamais la durée de l'évanouissement? Personne. On ne le pouvait pas même, car il aurait fallu savoir au juste à quelle heure j'ai été attaqué. Or, est-ce à deux heures? est-ce à quatre heures? est-ce plus tôt ou plus tard? Je ne sais. Y a-t-il eu des évanouisse-mens successifs, produits de la terreur qui a dû se prolonger jusqu'au jour? Je ne puis le dire. Ce que je sais, c'est qu'après avoir enfin recouvré mes sens je me suis retrouvé sur mon lit, découvert, glacé, et que c'est à grand'peine que j'ai pu appeler à mon aide.

Ainsi le coup à la tête, l'effet de ce coup s'explique sans contusion; il n'a laissé qu'une douleur très vive dans l'intérieur de la tête. Cette douleur a persisté plusieurs jours; mais je ne puis qu'affirmer. Ce devrait être quelque chose que l'affirmation d'un magistrat de l'honneur duquel on n'a pas douté jusqu'ici; mais je suis accusé, je ne dois pas l'oublier.

Relativement aux blessures de la poitrine, chacun a fait ses objections : un assassin, a-t-on dit, frappe à coups violens, précipités, il frappe perpendiculairement et non horizontalement, les blessures qu'il fait sont profondes.

Sans doute, si j'avais été debout ou assis et si l'assassin avait eu pour arme un couteau ou un poignard, les coups auraient eu la direction que l'on indique, mais 1° j'étais couché; 2° l'arme dont se servait l'assassin n'était ni un couteau, ni un poignard, ni un instrument pointu; c'était un instrument qui ne pouvait blesser que du tranchant, comme un rasoir, par exemple; je dis *comme un rasoir*, car il a été impossible de déterminer d'une manière positive la nature de l'instrument. Voilà donc une partie de l'objection qu'il faut écarter.

L'assassin frappe des coups violens précipités. Oui, quand il frappe avec un couteau, un poignard ou tout autre instrument pointu; mais s'il se sert d'un rasoir ou de tout autre instrument analogue, alors son action diffère, parce qu'il ne peut pas manier l'arme avec la même agilité et qu'il ne peut pas, d'un autre côté, ajouter une force locomotive à l'action de l'instrument.

Les blessures doivent être profondes. Oui, elles le seraient, sans doute, si l'instrument eût été pointu, parce qu'alors à l'action vulnérante de l'instrument se joint la force locomotive du bras; mais supposons que l'assassin se soit servi d'un rasoir au lieu de frapper à la volée, alors il a été réduit à promener en quelque sorte l'instrument sur les chairs, et à l'action vulnérante de cet instrument il n'a pu joindre qu'une faible force de pression; ceci explique en même temps comment des traces de contusion n'accompagnent pas les blessures. Pour bien saisir cette observation, qu'on prenne un rasoir à la main, et l'on verra combien il est difficile d'agir et d'agir fortement avec une arme semblable qu'on est forcé de promener horizontalement pour obtenir un résultat.

Et puis, on suppose toujours, pour avoir plus facilement raison contre moi, que les hommes à qui j'avais à faire étaient des assassins exercés, vigoureux, froids devant le crime, et dont la main assurée ne devait frapper que des coups mortels; on suppose aussi que l'arme dont il se sont servis était excellente ; et pourquoi donc, je le demande, n'admettrait-on pas que ces hommes étaient jeunes, peu enhardis dans le crime, et que leur main tremblante se souillait pour la première fois peut-être d'un assassinat ?

Ils ont donné des coups précipités ; le nombre des blessures l'atteste ; ils n'ont pas donné des coups sûrs, parce que peut-être ils étaient troublés eux-mêmes. Ils ne s'étaient pas monté la tête pour un assassinat, c'est parce que je me suis éveillé, et que par deux fois, à un quart d'heure d'intervalle, j'ai crié : « Qui est là ? » qu'ils se sont jetés sur moi. Avec plus de force, et pourquoi ne le dirais-je pas, avec moins de saisissement, je les aurais peut-être mis en fuite.

Qu'on y songe bien, une main assurée aurait porté moins de coups, mais de plus profonds ; avec peu de blessures, on concevrait difficilement qu'elles fussent si légères ; c'est leur grand nombre qui explique leur peu de gravité ; c'est aussi ce grand nombre de blessures qui me confirme dans cette idée que la main qui a frappé n'était ni vigoureuse, ni exercée.

Pourquoi encore n'admettrait-on pas que l'instrument vulnérant était mauvais ? quand on se prête avec tant de facilité aux hypothèses qui accusent, il faut, pour être juste, admettre aussi celles qui justifient. Cela est nécessaire, car enfin, on ne doit pas le perdre de vue, nous discourons sur des hypothèses, puisque nous ne connaissons ni l'assassin, ni l'instrument.

En résumé, un mauvais instrument promené horizontalement avec la seule force de pression, dans une situation nécessairement gênée, et par une main faible et mal assurée, précipitant les coups plutôt que d'enfoncer l'arme qu'elle agite, n'a pu évidemment faire que de légères blessures. Une main agitée par une passion furieuse aurait creusé sans doute des plaies plus profondes, mais il a pu en être autrement d'un voleur qui n'a recouru à l'assassinat que par occasion, pour ainsi dire.

Dira-t-on que je prends une hypothèse bien favorable? qu'importe? il suffit qu'elle soit aussi vraisemblable que celles qu'on m'oppose.

Et puisque je suis dans le champ des hypothèses, pourquoi ne placerais-je pas ici celle d'un honorable magistrat, M. Jacquinot Godard (1)?

Le jour même de l'assassinat, nous cherchions en conversant des explications, car moi aussi je me suis étonné du peu de gravité de mes blessures; ces blessures, me dit-il, n'auraient-elles pas été faites, en grande partie du moins, plutôt pour s'assurer de la mort que pour la donner?

---

(1) M. Jacquinot Godard me pardonnera de le nommer, mon malheur est mon excuse; j'ai besoin de témoignages imposans.

Mais, ajoute-t-on, il y a bien peu de sang à la chemise pour une si grande quantité de blessures. Que signifie cette objection? est-ce donc que j'aurais étanché le sang? singulière mal-adresse, je l'ai déjà remarqué, puisque je voulais faire croire à un assassinat!

Étanché le sang!... y a-t-il des traces de cet étanchement? non. (*Voir* le Rapport de M. Breschet.)

J'aurai changé de linge? pourquoi en changer? je me désarmais. Quel intérêt pourrais-je avoir à ce fait? aucun; j'en avais un tout-à-fait contraire, et cela est si évident, qu'en vérité il est inutile d'insister davantage.

Au reste un fait prouve que je n'ai pas changé de linge, c'est que la chemise que je portais conserve elle-même les traces de l'instrument qui m'a frappé.

Deuxième objection. La chemise a été visitée et 1º les incisions de la chemise ne sont point en rapport avec les blessures; 2º ces incisions ne sont ni tachées de sang, ni tachées du liquide qu'a dû produire le tissu graisseux attaqué.

Les incisions de la chemise ne sont point en rapport avec les blessures! C'est là un mensonge. La première expérience qui devait être faite, c'était d'appliquer la chemise sur mon corps et de vérifier; eh bien! cette expérience n'a point été faite, et pourtant on a dit qu'il n'y avait pas

de rapport entre les blessures du corps et les incisions du vêtement! Porter un pareil jugement
sans avoir observé ! calomnier sur une hypothèse!....

Cette expérience si essentielle, cette expérience
qui devait me confondre, qu'on l'entende bien,
c'est moi, moi qui l'ai demandée, sollicitée pendant deux jours; elle a eu lieu enfin, et quel en
a été le résultat? Les médecins l'ont dit : « Trois
« des incisions sont en rapport parfait. » Et si le
rapport des autres est moins parfait, il faut l'at-
tribuer à la mobilité du linge. Ainsi disparaît le
mensonge et l'objection à laquelle il servait de
base.

Cette objection, d'ailleurs, y a-t-on bien réfléchi? S'il entrait dans le plan de ma comédie de
couper ma chemise, pourquoi donc ne l'aurais-je
pas coupée sur mon corps même? je n'avais pas
peur de me blesser, puisque de gaieté de cœur je
me suis fait, dit-on, vingt-quatre plaies, sans motif, sans intérêt.

Cette dernière réflexion prouve combien est
futile cette observation que les incisions de la chemise ne sont point ensanglantées et qu'il n'y a
point de taches provenant de la substance grais-
seuse. Je ne comprends pas en vérité comment,
dans le système d'une comédie, on veut absolu-
ment que j'aie commencé à me frapper pour ensuite faire des incisions à ma chemise, quand il
était si simple de ne faire qu'une seule opération.

Je ne le comprends pas, surtout quand en ne divisant pas les opérations, je trouvais là un moyen assuré de déterminer plus facilement la croyance à l'assassinat.

J'ajoute une observation. La chemise dont j'étais revêtu, je ne la portais pas pour la première fois ; cela exclut l'idée d'un changement que j'aurais fait dans je ne sais quel dessein.

Enfin, en ce qui concerne les blessures, on dit que l'on n'a remarqué aux bras aucune trace de violence. J'ai dit qu'on m'avait saisi violemment, qu'une main s'était appuyée sur mon épaule et m'avait couché forcément ; je ne me suis jamais plaint d'avoir été frappé aux bras ; dès lors on n'a pas pu trouver de contusions.

Au reste, sur tous ces points qui soulèvent des questions physiologiques je suis forcé de renvoyer au rapport de M. Breschet que je publie.

Troisième objection. J'aurais résisté à la visite des médecins ; leur rapport répond si évidemment à cette calomnie qu'il suffit d'en copier les termes :

« M. Tardif désirait remettre notre visite et notre examen à un autre jour, parce que, disait-il, il ne se sentait pas capable de les supporter, vu l'état dans lequel il se trouvait : en effet, l'exploration du pouls nous a fait reconnaître qu'il battait quatre-vingt-seize fois par minute; on remarquait qu'il y avait chez le malade de l'émotion et de l'agitation intérieures. Mais sur l'assurance positive que nous avons donnée à M. Tardif que nous ferions notre examen avec les plus grands ménagemens, et qu'il ne pourrait en rien aggraver son état, il y a consenti, ce qui a eu lieu promptement et sans que le malade en ait été fatigué. »

Quatrième objection. Mais comment les voleurs ont-ils pu s'introduire et ont-ils pu sortir? Une expérience a été faite et elle a prouvé qu'il était *très-facile* d'escalader la grille qui sépare la cour de la maison, de la cour des bains; M. le procureur du roi et M. le juge d'instruction ont en outre reconnu que dans la maison des bains, des malfaiteurs pouvaient se cacher aisément pour attendre le moment favorable à leurs desseins.

Cette cour des bains sert en outre de passage dont la porte s'ouvre à quatre heures du matin et se ferme à dix ou onze heures du soir; le portier, de sa loge, n'aperçoit que difficilement les personnes qui entrent et qui sortent.

On s'est étonné de ce que ma porte n'était fermée qu'au pène.

Mais ceux qui me connaissent savent que ma confiance est poussée jusqu'à l'imprudence; qu'elle m'a été souvent reprochée, et qu'avant d'habiter rue des Beaux-Arts il ne m'était jamais arrivé d'ôter la clef de la porte de mon appartement.

Je n'ai plus qu'un mot à dire sur une dernière objection.

Point de désordre, a-t-on dit, dans votre appartement. Point de désordre! Je le crois bien, le désordre du lit, il était réparé quand le commissaire de police est venu, puisque déjà le médecin m'avait visité; le désordre du secrétaire, dans lequel on a volé 5oo francs, était réparé aussi; j'avais moi-même, après avoir reconnu le vol, refermé les tiroirs et le meuble.

Dans le débat qui a eu lieu entre moi et les assassins, plusieurs livres, un bougeoir, un briquet phosphorique, qui étaient placés sur ma table de nuit, ont été renversés, ma domestique a vu et réparé le désordre; elle en aurait témoigné si on l'avait interrogée sur ce point.

Au reste, je l'ai déjà dit, cette objection prouve en ma faveur plutôt que contre moi, car encore une fois, si j'avais voulu jouer une comédie, avant tout, j'aurais préparé la scène.

Mais, dit-on encore, on n'a pas entendu de bruit au-dessous de vous, et le locataire ne s'est couché qu'à deux heures du matin. C'est ce qui prouve que j'ai été attaqué plus avant dans la nuit; pour que l'on pût conclure de ce fait contre moi, il faudrait qu'il fût constant que l'assassinat a eu lieu avant deux heures.

Je terminerai par la réflexion suivante, sur laquelle j'appelle l'attention.

L'assassinat simulé est-il plus vraisemblable que l'assassinat réel? n'y a-t-il pas dans le système d'une comédie des invraisemblances bien autrement choquantes que dans le système d'un assassinat réel? Si cela est vrai, pourquoi donc s'acharner à me calomnier ? On ne le devrait pas, même quand je me trouverais placé dans l'impuissance de donner sur les faits, dont les élémens, les causes sont indéterminés, inconnus, une explication mathématique et péremptoire; à plus forte raison quand je crois avoir donné des raisons solides, convaincantes, pour tout homme qui jugera sans passion.

Après ces explications qui répondront , je l'espère, à la calomnie dont je suis victime depuis plusieurs jours, je ne puis que mettre la main sur ma conscience d'homme d'honneur et affirmer de nouveau devant le public que j'ai été assassiné.

Toutefois, il me reste encore quelque chose à faire, car je ne regarde cet écrit que comme le commencement d'une lutte qui ne finira que lorsque la calomnie s'avouera vaincue. La prévention a été accueillie aussitôt que soulevée, sans examen, sans vérification; elle cédera devant ma constance à la combattre, car je suis dans la vérité. Non, je n'accepterai pas la honte, quand je n'ai pas manqué à l'honneur; je me présenterai à tout le monde ; on me verra , on m'entendra, on me jugera ; je me soumets d'avance à toutes les épreuves morales que l'on voudra m'imposer.

C. TARDIF.

RAPPORT

DE M. LE DOCTEUR BRESCHET.

Je soussigné, docteur en médecine, chirurgien ordinaire de l'Hôtel-Dieu, et consultant du roi, membre titulaire de l'académie royale de médecine, officier de l'ordre royal de la Légion-d'Honneur, etc., certifie avoir été appelé le 27 décembre dernier, à huit heures du matin, pour aller donner des soins à M. Tardif, substitut de M. le procureur général, demeurant rue des Beaux-Arts, n° 3.

Je m'empressai de me rendre aussitôt chez M. Tardif et j'appris, soit par plusieurs personnes de la maison, soit par la domestique de M. Tardif et par M. Tardif lui-même, qu'il avait été assassiné pendant la nuit.

J'arrivai près du malade en traversant la salle à manger et le corridor qui va de cette pièce dans la chambre à coucher. Je trouvai M. Tardif couché dans son lit, et il me raconta, avec l'expression de la douleur, ce qui lui était arrivé pendant la nuit.

L'état de M. Tardif était celui d'un homme souffrant, affaissé, mais calme, sans aucune espèce d'excitation, et je retrouvai dans ses paroles l'accent de la vérité que je lui ai toujours connu. Il me dit souffrir de la tête et y ressentir une grande pesanteur. La figure était pâle, les yeux avaient l'expression de la tristesse, la peau de tout le corps était froide et le pouls petit et concentré. Il n'y avait ni trouble, ni exaltation dans les idées.

Il me déclara qu'indépendamment des douleurs de tête

il en éprouvait d'autres qui étaient à la poitrine, et résultant de plusieurs blessures faites pendant la nuit par les personnes qui avaient voulu l'assassiner et qui avaient pris dans son secrétaire la somme de cinq ou six cents francs.

Je comptai sur le côté droit du thorax, entre la clavicule et les fausses côtes, et transversalement, depuis le côté droit jusqu'à la ligne médiane du corps, dix-huit ou vingt de ces plaies superficielles, dont la direction était de droite à gauche ou vers la ligne médiane du corps, et un peu de bas en haut; presque toutes étaient parallèles. La plus grande de ces plaies avait quinze ou seize lignes d'étendue, et les plus petites, qui formaient le plus grand nombre de ces blessures, n'avaient que quelques lignes. La manière dont ces plaies étaient faites indiquait que la cause vulnérante avait dû agir de droite à gauche, c'est-à-dire que l'instrument avait d'abord été placé à droite, puis ramené, par la traction, vers l'axe médian du corps.

En effet, l'extrémité droite ou la partie la plus profonde de ces solutions de continuité était à droite, et successivement on voyait la blessure se terminer par une queue qui intéressait à peine la couche la plus superficielle de la peau.

La plupart de ces plaies n'avaient divisé qu'incomplétement le tissu cutané, et la plus profonde n'allait pas au-delà de l'épaisseur de la peau. Ces plaies avaient manifestement été produites par un instrument tranchant, et l'absence de piqûre ou de contusion sur les bords de ces plaies indiquait que ce devait être un instrument tranchant.

Je n'ai reconnu aucune trace bien manifeste de contusion ou d'autres violences sur la figure et sur les tégumens du crane.

Le bras droit portait, dans deux points différens, des solutions de continuité superficielles, l'une vers la partie moyenne de la face dorsale de l'avant-bras. Cette plaie, à peu près transversale, avait environ douze à quinze lignes d'étendue. Elle n'intéressait pas toute l'épaisseur de la peau, mais elle paraissait avoir été faite par le même instrument vulnérant que celui qui avait produit les plaies de la poitrine.

L'autre plaie était aussi à l'avant-bras, mais à la partie inférieure de sa face palmaire, à peu de distance de l'articulation du poignet. Elle était très superficielle, fort peu étendue, mais récente, comme toutes les autres blessures dont je viens de faire l'énumération.

La peau dans le voisinage des plaies n'était pas tachée de sang, ce qui indiquait que l'écoulement de ce fluide avait été peu abondant, et le peu de profondeur des plaies donnait une raison suffisante de ce phénomène. J'ai examiné avec soin si le sang avait été étanché, si des linges ou des éponges avaient été promenés sur les plaies pour enlever le sang, et rien ne m'a démontré que ce soin avait été pris.

Le drap du lit, les couvertures, le traversin n'offraient aucune tache de sang, mais il n'en était pas de même de la chemise.

M. Tardif n'était couvert dans son lit que par une chemise de toile de lin, déjà très usée; il n'avait pas de gilet de flanelle sur la peau, ni aucun vêtement par-dessus sa chemise, qui n'était pas fixée au col par un bouton ni retenue par une cravate.

Cette chemise, peu ample, devait, dans les mouvemens du corps, laisser une partie de la poitrine à nu. Ce vêtement portait, sur la partie gauche, dix à douze solutions de continuité, manifestement faites par un instrument tranchant et très coupant, car les bords étaient nettement divisés et sans offrir aucune frange. La direction et la situation de ces coupures de la chemise étaient *analogues* à celles de la poitrine. Mais principalement occupé à donner des soins au malade, j'avais remis à un autre moment de faire la comparaison de ces divisions de la chemise avec les plaies ; et plus tard, M. le commissaire de police ayant emporté ce vêtement, ce rapprochement n'a pas été fait ; mais j'avais reconnu l'analogie de direction, ce qui sera facile à vérifier. Une douzaine de taches de sang, de la grandeur tout au plus d'un centime, se voyaient sur le côté droit et antérieur de la chemise. Sur un des points de la circonférence de l'une de ces taches de sang, on apercevait deux lignes rouges ou traînées de sang qui étaient évidemment l'empreinte d'une des plaies de la poitrine.

Après avoir examiné avec grand soin et à plusieurs reprises les blessures de M. Tardif, après avoir mûrement réfléchi à toutes les circonstances de l'événement dont M. Tardif m'a fait le récit, et à tout ce que mes sens et mon expérience dans un grand hôpital m'ont depuis long-temps appris, j'ai acquis une conviction que je vais, dans toute la candeur de mon âme et dans l'intérêt de la vérité, faire connaître sans réserve.

Je porte à M. Tardif un intérêt vif et profond, mais cet intérêt est le résultat de la connaissance que j'ai de son caractère, de la noblesse de ses sentimens et de l'estime que depuis long-temps je lui ai accordée. J'ai toujours trouvé dans ses habitudes, ses expressions et son récit, une couleur de vérité qui appartient à l'honnête homme, et mes rapports, déjà anciens avec ce magistrat, me l'ont toujours fait juger comme digne de la considération générale. Dans les premiers momens de l'événement, des circonstances pouvaient paraître difficiles à expliquer, et je l'ai avoué. La réflexion et un nouvel examen de toutes les particularités de cet événement ont amené dans mon esprit une lumière que je désire pouvoir transmettre à tous ceux qui pourraient encore avoir des doutes.

M. le juge d'instruction m'a adressé une série de questions auxquelles je crois avoir répondu d'une manière claire et satisfaisante, pour dissiper les doutes, et je vais reproduire quelques-unes de ces questions, pour porter sur cet événement tout le jour que peuvent lui fournir mes connaissances médico-légales :

1° *Quelle était la position du malfaiteur ?*

D'après la direction des plaies, d'après leur situation au côté droit et antérieur de la poitrine et d'après la profondeur plus grande de ces plaies à leur extrémité droite, le malfaiteur devait être placé au côté gauche du malade, entre le lit et la cheminée.

2° *Les blessures ont-elles été faites M. Tardif étant nu ou couvert de sa chemise ?*

Tout porte à penser que les blessures ont été faites M. Tardif étant couché dans son lit et vêtu de sa chemise. La situation des solutions de continuité de la chemise, leur direction, etc., indiquent suffisamment que les plaies de la peau et les coupures du linge n'ont pas été produites séparément et dans des temps distincts.

3° *Pourquoi les coupures de la chemise sont-elles en général moins longues que les plaies de la peau ?*

Nous admettons que l'instrument était de la nature de ceux qu'on nomme *tranchans* et *très tranchans*. Dans le premier temps de la production de la blessure, il y a pression et traction, le linge comprimé entre la peau et l'instrument a dû être divisé, mais dans le second temps la pression étant moins forte, l'instrument, toujours engagé dans la division de la chemise et dans la peau, a seulement chassé le linge devant lui sans avoir besoin de le diviser. Ce déplacement du linge par l'instrument vulnérant était d'autant plus facile que la chemise n'était retenue par aucun vêtement, pas même par une cravate.

Cette circonstance du mode de division de la chemise,

sert aussi à démontrer que M. Tardif devait être couché dans son lit.

4° Comment peut-on expliquer que l'assassin se soit borné à faire des blesurres aussi légères et aussi superficielles ?

L'événement a dû se passer pendant la nuit, la chambre n'étant pas éclairée ; il a été difficile au meurtrier de juger des coups qu'il portait, du lieu sur lequel il les dirigeait, et de la gravité des blessures. L'assassin pouvait ne pas être consommé dans le crime ; et la main du crime est, heureusement pour la société, très souvent tremblante et mal assurée ! L'évanouissement dans lequel est tombé M. Tardif a pu faire croire au meurtrier que sa victime était frappée mortellement.

5° Peut-on croire que des blessures aussi légères et aussi superficielles, sans HÉMORRHAGIE, *c'est-à-dire sans écoulement abondant de sang, aient pu produire un évanouissement et surtout un évanouissement aussi prolongé que celui qui paraît avoir existé ?*

La syncope peut résulter de beaucoup d'autres causes que de la gravité des blessures ou de l'écoulement du sang. La commotion morale éprouvée par le blessé qui est inopinément attaqué dans son lit par des assassins est plus que suffisante pour produire une longue syncope. Nous voyons tous les jours une simple frayeur produire cet effet ; nous voyons tous les jours la simple vue d'une lancette déterminer sur la personne qu'on va saigner une lipothymie, avant que la piqûre de la veine ait été faite, ou immédiatement après cette piqûre, et sans qu'il y ait encore d'écoulement de sang.

Mais M. Tardif a déclaré avoir reçu des coups à la tête, et tous les coups portés sur cette région ne laissent pas de traces de contusions ou d'autres signes de violence. Une secousse brusque imprimée à la tête, un soufflet, un coup donné sur le crâne, avec force, par le plat de la main, ont souvent déterminé une commotion du cerveau, dont un des effets immédiats est la perte de connaissance. Je connais une observation d'une commotion mortelle du cerveau, produite par la chute, sur la tête, d'une botte de foin : il n'existait à l'extérieur aucune trace de violence.

6° *La syncope pouvait-elle durer plusieurs heures ?*

Si elle ne dépendait que de l'effroi, elle devrait être moins longue que s'il y avait eu commotion du cerveau. La douleur de tête accusée par le malade, lors de mon arrivée près de lui, et la persistance de cette douleur pendant plusieurs jours, semblent autoriser à penser que le cerveau a éprouvé un *ébranlement physique.*

7° *Peut-on expliquer l'absence de contusions, d'ecchymoses, ou d'autres traces de violence sur les bords des plaies ou dans le voisinage de ces solutions de continuité ?*

Sans doute, et très bien, puisque les plaies ont été faites par un instrument tranchant, un rasoir, par exemple. Si ces traces de violence existaient, elles appartiendraient à d'autres causes qu'à l'action d'un instrument tranchant.

8° *Les blessures de la peau correspondent-elles aux coupures de la chemise ?*

C'est une chose à vérifier, et il est étonnant que cet examen ait été négligé. Comment se fait-il qu'on ait dit que cette correspondance n'existait pas, lorsqu'on déclare que l'application de la chemise sur le corps du blessé n'a pas été faite (1)?

---

(1) Cette application a été faite depuis, en notre présence, et le parallélisme entre les plaies et les trois principales sections de la chemise a été reconnu ; le rapport des autres incisions est moins parfait, mais on s'est accordé à reconnaître que la mobilité du linge expliquait aisément cette différence.

J'ai expliqué pourquoi je n'avais pas pu faire cet examen; mais la situation des coupures et leur direction m'indiquent suffisamment qu'il devait y avoir *parallélisme* entre les plaies de la peau et les sections du linge. Si ces coupures de la chemise sont moins multipliées que les plaies, c'est que le vêtement ne couvrait pas la poitrine dans toute son étendue, la chemise étant petite, étroite, n'étant retenue ni par la cravate ni par aucun autre lien, devait laisser une partie de la poitrine à découvert.

9° *Comment peut-on expliquer l'absence de sang sur les coupures de la chemise, si ces coupures correspondent aux plaies?*

Rien n'est plus facile que la réponse à faire, et je l'ai donnée dans ma déclaration devant M. le juge d'instruction. «Physiologiquement parlant, un instrument très tranchant, comme un rasoir qui a agi perpendiculairement au tissu, et qui ne l'a intéressé que dans une très petite profondeur, peut n'être pas chargé de sang; car il y a un intervalle (très court) entre la solution de continuité et l'écoulement du sang.

9° *Comment se fait-il qu'on ne voie aucune tache de graisse ou de suc graisseux sur la chemise, et particulièrement sur les bords des divisions faites par l'instrument vulnérant?*

La graisse n'appartient pas à la peau, elle se trouve au-dessous de cette enveloppe, et comme la peau n'a pas été divisée dans toute son épaisseur, l'instrument vulnérant ne pouvait pas se charger de graisse ou de toute autre matière analogue.

10° *Les blessures ont-elles pu produire l'écoulement d'une plus grande quantité de sang que celle qui est sur la chemise?*

La peau seule a été divisée et elle ne l'a pas été dans toute son épaisseur. Cette enveloppe générale du corps ne reçoit que des vaisseaux capillaires, et ce réseau capillaire n'est bien remarquable qu'à la face, tandis qu'à

la poitrine ces vaisseaux sont moins multipliés. C'est dans
le tissu cellulaire sous-cutané qu'on trouve des vaisseaux d'un calibre supérieur à ceux de la peau, et qui
pourraient par leur lésion produire une effusion de sang
plus ou moins abondante. Dans le cas présent ces vaisseaux n'ont pas été intéressés. Nous pourrions encore
expliquer par la syncope la petite quantité de sang fournie
par les plaies. On sait que la peur, l'effroi, et la syncope qui en est souvent l'effet, sont accompagnés de la
pâleur de la peau, c'est-à-dire qu'alors le sang aban-
donne la périphérie du corps pour se porter vers l'intérieur.

*12° Comment des coups portés sur la poitrine] n'ont-ils
pas produit des blessures plus graves, dont l'effet nécessaire
aurait été la mort?*

Les plaies n'ont pas été plus profondes et plus graves,
parce que le meurtrier ne pouvait discerner où il portait ses coups et comment il les portait. Parce que la direction transversale des incisions, et surtout la direction
oblique de bas en haut, indique que l'instrument n'aurait pas pu diviser les parois de la poitrine dans toute
leur épaisseur, et les plaies n'auraient pas pu être *pé-
nétrantes*, car cette direction est contraire à celle des
côtes, qui sont obliques de haut en bas. Ainsi lors même
que la main du meurtrier, armé d'un instrument tranchant, n'aurait pas trouvé d'obstacle, et lors même
qu'elle aurait divisé toute l'épaisseur des parties molles
extérieures des parois du thorax, elle n'aurait pas pu
produire, ou que très difficilement, une plaie pénétrante
et l'action de cette main paraît avoir été gênée.

*13° La main du meurtrier a-t-elle éprouvé des obstacles
dans son action?*

Oui, et nous en avons la preuve dans *les deux blessures*

du bras gauche de M. Tardif. La plaie de la face dorsale de l'avant-bras gauche ressemble, par sa nature et sa direction transversale, à celles de la poitrine. Il paraît évident qu'elle a été faite et par la même main, et par le même instrument que ceux qui ont fait les plaies de la poitrine. *Le blessé a donc cherché à résister à la main qui voulait l'assassiner.* Cette circonstance est de la plus haute importance, elle doit dissiper bien des doutes et bien des incertitudes. Je n'avais pas pu répondre à une des questions de M. le juge d'instruction parce que je n'avais plus présente à l'esprit cette blessure du bras gauche, blessure dont les médecins doivent avoir fait mention dans leur rapport.

14° *Les blessures de M. Tardif ont-elles été faites par lui-même ?*

L'examen de toutes les circonstances de cette affaire démontre que M. Tardif ne peut pas être l'auteur des blessures, 1° parce que, d'après la situation et la direction des plaies, c'est la main gauche qui devrait avoir été armée de l'instrument, et les plaies de l'avant-bras gauche démontrent que ce membre a cherché à protéger M. Tardif, et qu'en parant les coups il a reçu une blessure en tout semblable à celles de la poitrine; 2° quant au bras droit, il n'est pas naturel de soupçonner qu'il était armé d'un instrument vulnérant, et nous avons, au commencement de ce Rapport, cherché à démontrer que le meurtrier, ou la main armée de l'instrument, était à la gauche de M. Tardif, entre le lit et la cheminée.

Toutes ces considérations me conduisent naturellement à conclure qu'il n'y a pas eu *de suicide*, *de tentative de suicide* ou *de simulation de suicide* dans cette affaire, et que M. Tardif a été *blessé par d'autres mains* que par les siennes. IL Y A DONC EU ASSASSINAT.

L'opinion émise par l'un des médecins-rapporteurs *que ce n'est pas un assassin qui a dû faire ces blessures, parce que leur peu de gravité, leur situation, leur direction,* L'ART EN QUEL- QUE SORTE AVEC LEQUEL ELLES ONT ÉTÉ FAITES, *annoncent que de la part d'un assassin autant de précaution n'aurait pas été prise, attendu qu'un assassin veut tuer, et qu'il n'y avait rien de plus facile que de porter un coup mortel à M. Tardif qui était couché dans son lit, et qui, suivant lui, avait perdu connaissance,* cette opinion croule dans son entier d'après les raisons que j'ai alléguées, et qui sont toutes basées sur des faits, sur des notions rigoureuses d'anatomie, de physiologie et de chirurgie pratique, tandis que l'opinion que nous venons de rapporter n'est qu'une supposition à laquelle le simple examen ôte toute vraisemblance.

Voilà quelle est ma profonde et intime conviction, et j'ose espérer qu'un nouvel examen des circonstances de cette affaire ramènera les médecins dont l'opinion peut offrir quelque dissidence avec la mienne, parce que la dif- ficulté d'expliquer quelques particularités leur a fait quitter l'observation des faits seul guide certain, pour en- trer dans le champ des conjectures, ce que doit s'interdire tout médecin-légiste.

Paris, ce 6 janvier 1835.

G. BRESCHET, D. M. P.

IMPRIMERIE ET FONDERIE DE RIGNOUX ET Cⁱᵉ,
RUE DES FRANCS-BOURGEOIS-S.-MICHEL, Nᵒ 8.

9 782019 650049